워크북

동양북스

『좋아요 한국어』는 한국어 성인 학습자를 위한 단기 집중과정에서 사용할 수 있는 교재입니다. 본 교재는 한국어 학습자를 위한 초급 단계의 교재로 한글과 발음을 익히고 한국 생활의 기초적인 의사소통 능력 향상을 목표로 집필하였습니다.

『좋아요 한국어』는 한국어교육 표준 모형 1급 수준의 어휘, 문법을 기준으로 기본적인 의사소통 능력을 갖출 수 있도록 하였습니다.

• 본 교재의 주제는 일상생활에서 접할 수 있는 상황과 기능에 전형적으로 사용되는 과제를 담아 실제 생활에서 사용하는 한국어를 전달할 수 있도록 구성하였습니다.

• 본 교재는 총 18개 과(한글 별도)로 3~4주(60~80시간)까지 탄력적으로 수업을 운영할 수 있으며 모든 과는 1일 3~4시간 분량으로 구성하였습니다.

• **어휘**는 각 과의 주제, 기능과 관련된 것이며 문법과 과제 활동에 나오는 새로운 단어들을 각 지면 밑에 따로 제시하였습니다.

• **문법 연습**에서는 각 과에서 학습한 문법을 중심으로 대화문과 다양한 표현 연습을 할 수 있습니다.

• **이야기해 보세요**는 대화를 학습하기 전에 2컷 만화를 보면서 학습한 어휘와 문법을 활용하여 대화를 유추할 수 있도록 구성하였습니다.

• 본 교재는 말하기·듣기·읽기·쓰기 기능을 나누어 제시함으로써 균형 있는 언어 기능을 학습하여 단기간에 한국어에 익숙해질 수 있도록 구성하였습니다.

• 본 교재에는 단원의 주제와 관련된 한국 문화를 제시하여 학습자가 한국 문화에 흥미를 느낄 수 있도록 하였습니다.

이 책이 출간되기까지 많은 분들의 노력가 수고가 있었습니다. 집필진을 대표하여 이 책의 저자들이 쏟은 열정과 노고에 대해서 깊은 감사를 드립니다. 또한 출판까지 많은 조언을 해 주신 곽은주, 탁진영 교수님께 감사의 말씀을 드리며 번역에 도움을 주신 신재영 선생님께도 감사의 말씀을 드립니다. 또한 편집과 출판을 맡아 주신 동양북스에도 고마움을 전합니다.

2024년 5월
세종대학교 국제교육원
교재연구개발팀

『좋아요 한국어』 is a Korean language textbook made for the adult learner studying Korean during short term intensive programs.

It is a beginner-level textbook that covers Hangeul(the Korean alphabet) and basic phonetics for Korean, while aiming to learn basic everyday expressions.

『좋아요 한국어』 focuses on developing basic communication skills by studying vocabulary and grammar that follows the criteria of level 1 in the Standard Model for Korean Language Education.

• Each chapter in 『좋아요 한국어』 is made to deliver real-life expressions by including daily situations and activities with practical expressions.

• 『좋아요 한국어』 consists of a total of 18 chapters that can be taught over 3~4 weeks (60~80hours), while all chapters are made for 3~4 hours of Korean Language education.

• 『좋아요 한국어』 uses vocabulary relevant to each chapter's main subject. New vocabulary introduced for grammar and class activities are introduced at the bottom of each page.

• 『좋아요 한국어』 provides grammar practices in each chapter that allow students to use various sentences and expressions that apply the grammar for each chapter.

• 『좋아요 한국어』 uses 2-cut comics to allow students to use context to create conversations based on vocabulary and grammar used in each chapter.

• 『좋아요 한국어』 promotes quick learning of Korean by providing the grounds for balanced development of Korean Language skills; speaking · listening ·writing · reading.

• 『좋아요 한국어』 draws the interest of students by introducing an aspect of Korean culture that is related to each chapter.

Many people have dedicated themselves to publish 『좋아요 한국어』. On behalf of the authors of 『좋아요 한국어』, great thanks go to those that have provided their enthusiasm and efforts to this textbook. Also, we would like to thank professor Kwak Eun Joo and Tak Jin Young for their advice, and Mr. Shin Jae Yung for translating 『좋아요 한국어』. Finally, we would also like to thank Dongyang Books for publishing and editing 『좋아요 한 국어』.

May 2024
Textbook Research and Development Team
Center for International Education
Sejong University

3

목차

과	주제	제목	문법	어휘
한글	한글 1.	모음 1~2, 자음 1	ㅑㅕㅖㅛㅠㅡㅣ ㄱㄴㄷㄹㅇ	명사
	한글 2.	자음 2~4, 모음 3	ㅁㅂㅅㅈㅎㅋㅌㅍㅊㄲㅃㅆㅉ ㅐㅔㅒㅖㅢ	명사, 형용사, 동사
	한글 3.	모음 4, 받침	ㅘㅝㅙㅞㅚㅟ 받침, 인사말	명사, 형용사, 동사
1	소개	저는 꾸엔이에요	N은/는 N이에요?/예요? N은/는 N이에요/예요 N이/가 아니에요	국적, 직업
2		저는 언니가 한 명 있어요	N이/가 있다(없다) 수(하나~열)	가족
3	학교생활	학교 안에 서점이 있어요?	N에 가다(오다) N에 있다(없다)	장소, 위치
4		한국어 공부가 어때요?	N이/가 A-아/어요 안 A	형용사
5		춤 연습을 하지 않아요	N을/를 V-아/어요 A/V-지 않다	동사 1
6	일상생활	기숙사에서 뭐 해요?	N에서 V-고	동사 2
7		지난 주말에 뭐 했어요?	N(시간)에 A/V-았/었-	날짜
8	취미	수영을 할 수 있어요?	V-(으)ㄹ 수 있다(없다) V-는 것	취미 활동 1
9		제 취미는 수영하는 거예요	V-ㅂ니까?/습니까? V-ㅂ니다/습니다 V-(으)세요	취미 활동 2

한글	모음 1	이름:

1 쓰세요.

아	어	오	우	으	이

2 읽고 쓰세요.

이	오	아이	오이

한글 | 모음 1   이름:

3 잘 듣고 질문에 답하세요.   Track 01

① 잘 듣고 맞는 것을 고르세요.

1) ① 오   ② 우   2) ① 아   ② 어

3) ① 어   ② 우   4) ① 아   ② 오

5) ① 으   ② 이   6) ① 오   ② 어

7) ① 으   ② 우   8) ① 이   ② 어

9) ① 아이   ② 오이   10) ① 어우   ② 아우

② 잘 듣고 맞으면 O, 틀리면 X 하세요.

1) 오   (   )   2) 아   (   )

3) 우   (   )   4) 이   (   )

5) 어   (   )   6) 으   (   )

7) 아이   (   )   8) 오이   (   )

③ 잘 듣고 쓰세요.

1)
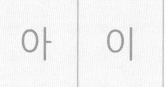

2)

3)

4)

| 한글 | 자음 1 | | | 이름: | |

1 쓰세요.

	ㅏ	ㅓ	ㅗ	ㅜ	ㅡ	ㅣ
ㅇ	아					
ㄱ		거				
ㄴ			노			
ㄷ				두		
ㄹ						리

2 읽고 쓰세요.

아기	구두	고기	거리
나	나라	너	누나
다리	가다	오리	우리

한글 | 자음 1

이름:

3 잘 듣고 질문에 답하세요.

① 잘 듣고 맞는 것을 고르세요.

1) ① 가　　　　② 나　　　　　2) ① 두　　　　② 루

3) ① 구두　　　② 가구　　　　4) ① 거리　　　② 고리

5) ① 나라　　　② 누나　　　　6) ① 오다　　　② 가다

7) ① 고기　　　② 거기　　　　8) ① 구두　　　② 누구

9) ① 다리　　　② 누리　　　　10) ① 오리　　　② 우리

② 잘 듣고 맞으면 O, 틀리면 X 하세요.

1) 구　　　(　　　　　)　　　2) 더　　　(　　　　　)

3) 누나　　(　　　　　)　　　4) 가구　　(　　　　　)

5) 가다　　(　　　　　)　　　6) 우리　　(　　　　　)

7) 다리　　(　　　　　)　　　8) 나라　　(　　　　　)

9) 구두　　(　　　　　)　　　10) 고기　　(　　　　　)

③ 잘 듣고 쓰세요.

1)

2)

3)

4)

5)

6)

한글 | 모음 2 　　　　　　　　　　　　　이름:

1 쓰세요.

야	여	요	유

2 읽고 쓰세요.

우유	야구	여기	요리

한글 | 모음 2　　　　　　　　이름:

3 잘 듣고 질문에 답하세요.　　　　　　　　　Track 03

① 잘 듣고 맞는 것을 고르세요.

1) ① 요　　② 유　　　2) ① 야　　② 여

3) ① 여　　② 유　　　4) ① 야기　　② 야구

5) ① 여기　　② 요기　　6) ① 우유　　② 여우

7) ① 여우　　② 여유　　8) ① 유가　　② 요가

9) ① 요리　　② 유리　　10) ① 이야기　　② 이유기

② 잘 듣고 맞으면 O, 틀리면 X 하세요.

1) 요　　(　　　)　　2) 야　　(　　　)

3) 여　　(　　　)　　4) 유　　(　　　)

5) 여우　　(　　　)　　6) 여유　　(　　　)

7) 요가　　(　　　)　　8) 유리　　(　　　)

③ 잘 듣고 쓰세요.

1) | 여 | 기 |

2)

3)

4)

연습

이름:

1 그림을 보고 단어를 쓰세요.

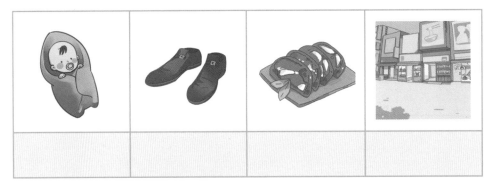

연습

한글	자음 2	이름:

1 쓰세요.

	ㅏ	ㅓ	ㅗ	ㅜ	ㅡ	ㅣ
ㅁ	마					
ㅂ		버				
ㅅ			소			
ㅈ				주		
ㅎ					흐	

2 읽고 쓰세요.

나무	마시다	머리	모자

바나나	바다	바지	비누

보다	사자	소	가수

한글 | 자음 2

이름:

여자	아주머니	주소	지구

하나	허리	하마	휴지

한글 | 자음 2 　　　　　　　　　　　　　이름:

3 잘 듣고 질문에 답하세요. 　　　　　　　　　　　　Track 04

① 잘 듣고 맞는 것을 고르세요.

1)　　① 지구　　　　② 지도　　　2)　　① 바다　　　　② 바지

3)　　① 아버지　　　② 어머니　　4)　　① 사다　　　　② 사자

5)　　① 머리　　　　② 모자　　　6)　　① 교수　　　　② 가수

7)　　① 보다　　　　② 바다　　　8)　　① 하마　　　　② 하나

9)　　① 주부　　　　② 주소　　　10)　① 호주　　　　② 호수

② 잘 듣고 맞으면 O, 틀리면 X 하세요.

1)　　비누　　（　　　　　）　　2)　　허리　　（　　　　　）

3)　　마시다　（　　　　　）　　4)　　사다　　（　　　　　）

5)　　여자　　（　　　　　）　　6)　　휴지　　（　　　　　）

7)　　자다　　（　　　　　）　　8)　　지하　　（　　　　　）

9)　　주부　　（　　　　　）　　10)　버스　　（　　　　　）

③ 잘 듣고 쓰세요.

1)　나　　　　　　　2)

3)　　　　　　　　　4)

5)　　　　　　　　　6)　　　나

연습

이름:

1 그림을 보고 단어를 쓰세요.

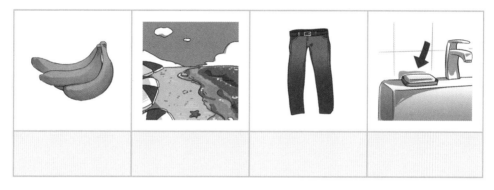

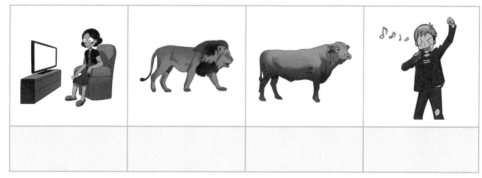

		이름:

한글 | 자음 3   이름:

1 쓰세요.

	ㅏ	ㅓ	ㅗ	ㅜ	ㅡ	ㅣ
ㅋ	카					
ㅌ						
ㅍ						
ㅊ						

2 읽고 쓰세요.

카드	커요	코	스키
토마토	아파트	포도	우표
커피	기차	치마	티셔츠

한글	자음 3	이름:

3 잘 듣고 질문에 답하세요. Track 05

☐1 잘 듣고 맞는 것을 고르세요.

1) ① 가　　　　② 카　　　　2) ① 버　　　　② 퍼

3) ① 드　　　　② 트　　　　4) ① 주　　　　② 추

5) ① 자다　　　② 차다　　　6) ① 비자　　　② 피자

☐2 잘 듣고 맞으면 O, 틀리면 X 하세요.

1) 코　　　　(　　　　　)

2) 타요　　　(　　　　　)

3) 포도　　　(　　　　　)

4) 치마　　　(　　　　　)

5) 고추　　　(　　　　　)

☐3 잘 듣고 쓰세요.

1) [　　|　　]　　　　　　2) [　　|　　]

3) [　　|　　]　　　　　　4) [　　|　　]

5) [　|셔|　]

한글 · 자음 4

이름:

1 쓰세요.

	ㅏ	ㅓ	ㅗ	ㅜ	ㅡ	ㅣ
ㄲ	까					
ㄸ						
ㅃ						
ㅆ						
ㅉ						

2 읽고 쓰세요.

까치	꼬리	코끼리	따요
머리띠	바빠요	뿌리	뼈
싸요	써요	짜요	가짜

한글	자음 4	이름:

3 잘 듣고 질문에 답하세요.

1 잘 듣고 맞는 것을 고르세요.

1) ① 비   ② 삐   2) ① 카   ② 까

3) ① 차   ② 짜   4) ① 사요   ② 싸요

5) ① 꺼요   ② 커요   6) ① 도끼   ② 토끼

2 잘 듣고 맞으면 O, 틀리면 X 하세요.

1) 또   (   )

2) 써요   (   )

3) 꼬리   (   )

4) 가짜   (   )

5) 뿌리   (   )

3 잘 듣고 쓰세요.

1)

2)

		리

3)

4)

바		

5)

한글 | 모음 3 이름:

1 쓰세요.

애	애				
에					
얘					
예					
의					

2 읽고 쓰세요.

개구리	노래	새	가게
세수	테니스	얘기	예뻐요
시계	차례	의사	의자

한글 | 모음 3 　　　　　　　　　　　이름:

3 잘 듣고 질문에 답하세요. 　　　　　　　　　　　Track 07

① 잘 듣고 맞는 것을 고르세요.

1)　① 너　　　　② 네　　　　2)　① 애　　　　② 해

3)　① 애기　　　② 얘기　　　4)　① 이사　　　② 의사

5)　① 노래　　　② 노예　　　6)　① 사계　　　② 세계

② 잘 듣고 맞으면 O, 틀리면 X 하세요.

1)　애　　　　(　　　　　)

2)　얘　　　　(　　　　　)

3)　의　　　　(　　　　　)

4)　세수　　　(　　　　　)

5)　서예　　　(　　　　　)

③ 잘 듣고 쓰세요.

1)

2)

3)

4)

5) ｜　뻐　｜

6) ｜　　｜스｜

연습

이름:

1 그림을 보고 단어를 쓰세요.

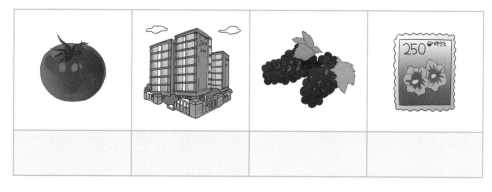

연습

이름:

연습

이름:

한글	모음 4		이름:

1 쓰세요.

와	와					
워						
왜						
웨						
외						
위						

2 읽고 쓰세요.

와이셔츠	사과	더워요	돼지

스웨터	회의	귀	가위

한글 | 모음 4   이름:

3 잘 듣고 질문에 답하세요.   Track 08

① 잘 듣고 맞는 것을 고르세요.

1) ① 배   ② 봐   2) ① 메   ② 뭐

3) ① 에   ② 왜   4) ① 의사   ② 회사

5) ① 교자   ② 과자   6) ① 쉬다   ② 시다

② 잘 듣고 맞으면 O, 틀리면 X 하세요.

1) 와   (   )

2) 왜   (   )

3) 위   (   )

4) 사과   (   )

5) 스웨터   (   )

③ 잘 듣고 쓰세요.

1)   2)

3)   4)

5)   요

연습

1 그림을 보고 단어를 쓰세요.

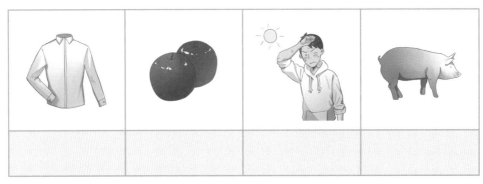

한글 | 받침 이름:

1 다음과 같이 쓰고 읽으세요.

1) ㅇ + ㅏ + ㄴ = 안

2) ㄷ + ㅏ + ㄹ =

3) ㅁ + ㅕ + ㅊ =

4) ㅅ + ㅓ + ㅁ =

5) ㅇ + ㅖ + ㄴ =

6) ㄱ + ㅝ + ㄹ =

7) ㄴ + ㅜ + ㄴ =

8) ㅅ + ㅛ + ㄹ =

9) ㅂ + ㅗ + ㄹ =

10) ㅇ + ㅠ + ㅊ =

한글 | 받침   이름:

2 읽고 쓰세요.

책	부엌	밖	신문	눈	돈

곧	밑	옷	낮	꽃	히읗

물	교실	연필	컴퓨터	삼	엄마

밥	숲	무릎	책상	창문	동생

볼펜	사전	침대	옷장	김밥	칠판

한글 | 받침

이름:

3 잘 듣고 질문에 답하세요.

Track 09

① 잘 듣고 맞는 것을 고르세요.

1) ① 공   ② 곰   2) ① 옷   ② 온

3) ① 발   ② 반   4) ① 낮   ② 날

5) ① 앞   ② 암   6) ① 돌   ② 둥

7) ① 찬   ② 참   8) ① 한   ② 할

9) ① 곧   ② 곡   10) ① 컵   ② 컴

② 잘 듣고 맞으면 O, 틀리면 X 하세요.

1) 밥   (   )

2) 술   (   )

3) 전   (   )

4) 고향   (   )

5) 컵   (   )

③ 잘 듣고 쓰세요.

1) [   ]   2) [   ]

3) [|제]   4) [|]

5) [|]   6) [|퓨]

연습

이름:

1 그림을 보고 단어를 쓰세요.

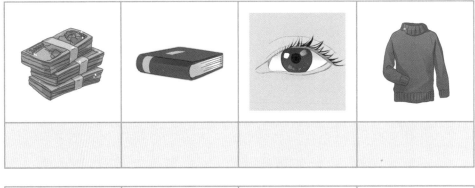

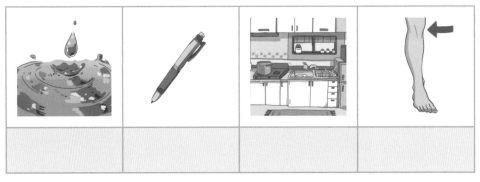

1 어휘연습 이름:

1 그림을 보고 알맞은 단어를 연결하세요.

1)
  •

• 베트남

2)
  •

• 중국

3)
  •

• 미국

4)
  •

• 한국

5)
  •

• 일본

6)
  •

• 프랑스

| **1** | **어휘연습** | 이름: |

2 그림을 보고 알맞은 단어를 연결하세요.

1)  ·   · 요리사

2)  ·   · 회사원

3)  ·   · 선생님

4)  ·   · 경찰관

5)  ·   · 의사

6)  ·   · 가수

| **1** | **문법연습1** | 이름: |

N은/는 N이에요?/예요?, N은/는 N이에요/예요

1 그림을 보고 [보기]와 같이 대화를 완성하세요.

> 보기
>
>
> 제이미, 가수
>
> 가: 제이미 씨는 가수예요?
> 나: 네, 가수예요.

1)

바트, 의사

가: 바트 씨는 의사예요?

나: _____.

2)

상우, 학생

가: _____?

나: 네, 학생이에요.

3)

김승기, 선생님

가: _____?

나: _____.

4)

선생님, 한국 사람

가: _____?

나: _____.

5)

꾸엔, 베트남 사람

가: _____?

나: _____.

| **1** | **문법연습2** | 이름: |

N이/가 아니에요

1 ( )에 알맞은 것을 쓰세요.

1) 학생( ) 아니에요. 2) 친구( ) 아니에요.

3) 요리사( ) 아니에요. 4) 회사원( ) 아니에요.

5) 한국 사람( ) 아니에요. 6) 선생님( ) 아니에요.

2 [보기]와 같이 대화를 완성하세요.

보기

가: 제이미 씨는 프랑스 사람이에요?

나: 아니요, 제이미 씨는 프랑스 사람이 아니에요.
<u>미국 사람이에요.</u>

1)

가: 왕링 씨는 한국 사람이에요?

나: 아니요, _____.

_____.

2)

가: 하나코 씨는 중국 사람이에요?

나: 아니요, _____.

_____.

3)

가: 바트 씨는 요리사예요?

나: 아니요, _____.

_____.

4)

가: 이빈 씨는 기자예요?

나: 아니요, _____.

_____.

2 어휘연습 이름:

1 그림을 보고 알맞은 단어를 쓰세요.

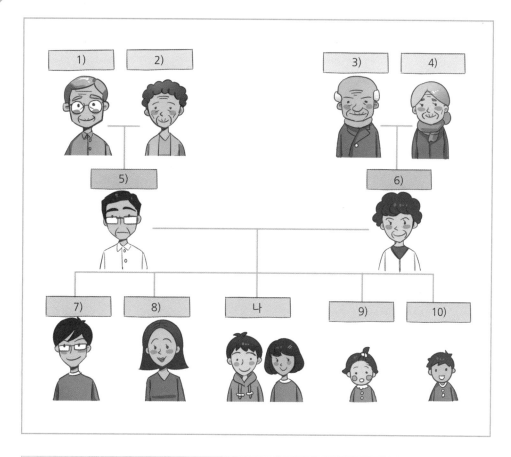

1)	2)
3)	4)
5)	6)
7)	8)
9)	10)

| **2** | **문법연습1** | 이름: |

N이/가 있다(없다)

1 그림을 보고 [보기]와 같이 대화를 완성하세요.

> **보기**
>
>
>
> 가: 여권이 있어요?
> 나: <u>네, 있어요</u>.

1)

가: 누나가 있어요?

나: _____.

2)

가: 리신 씨가 있어요?

나: _____.

3)

가: 학생이 있어요?

나: _____.

4)

가: _____?

나: _____.

5)

가: _____?

나: _____.

새 단어
New
Vocabulary

여권 passport

2	문법연습2	이름:

숫자 (1~10)

1 다음 숫자를 쓰세요.

1	2	3	4	5
하나(한)	( )	( )	( )	

6	7	8	9	10

2 그림을 보고 [보기]와 같이 대화를 완성하세요.

> 보기
>
> 가: 가족이 몇 명 있어요?
> 나: 여섯 명 있어요.

1)

가: 학생이 몇 명 있어요?

나: _____.

2)

가: 선생님이 몇 명 있어요?

나: _____.

3)

가: 회사원이 몇 명 있어요?

나: _____.

3 | **어휘연습**　　　　　　　　　　　　이름:

1 그림을 보고 알맞은 단어를 쓰세요.

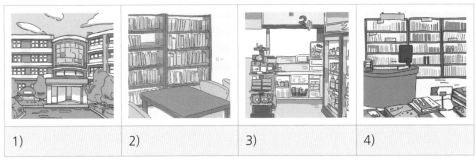

1)	2)	3)	4)

5)	6)	7)	8)

2 그림을 보고 알맞은 단어를 쓰세요.

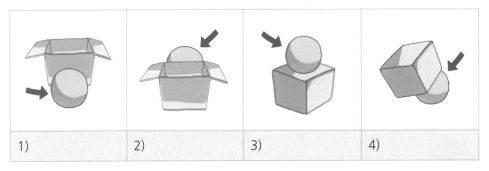

1)	2)	3)	4)

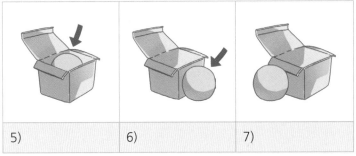

5)	6)	7)

3 문법연습1   이름:

N에 가다(오다)

1 그림을 보고 [보기]와 같이 대화를 완성하세요.

> 보기
>
> 가: 어디에 가요?
>
> 나: <u>시장에 가요.</u>

1)

가: 어디에 가요?

나: _____.

2)

가: 어디에 가요?

나: _____.

3)

가: 어디에 가요?

나: _____.

4)

가: 어디에 가요?

나: _____.

5)

가: 어디에 가요?

나: _____.

시장 market

3	문법연습2	이름:

N에 있다(없다)

1 [보기]와 같이 문장을 완성하세요.

> 보기   집 / 동생 / 있다 → 집(에) 동생(이) 있어요.

1) 형 / 미국 / 있다   →   형(   ) 미국(   ) 있어요.

2) 리신 씨 / 도서관 / 없다   →   리신 씨(   ) 도서관(   ) 없어요.

3) 식당 / 손님 / 없다   →   식당(   ) 손님(   ) 없어요.

4) 학교 / 은행 / 있다   →   학교(   ) 은행(   ) 있어요.

2 그림을 보고 [보기]와 같이 대화를 완성하세요.

> 보기
>
> 가: 서점이 어디에 있어요?
>
> 나: <u>우체국 앞에 있어요.</u>

1)

가: 편의점이 어디에 있어요?

나: _____.

2)

가: 요코 씨가 어디에 있어요?

나: _____.

3)

가: 은행이 어디에 있어요?

나: _____.

손님 customer | **우체국** post office

4 어휘연습 　　　　　　　　　　이름:

1 그림을 보고 [보기]와 같이 알맞은 단어를 쓰세요.

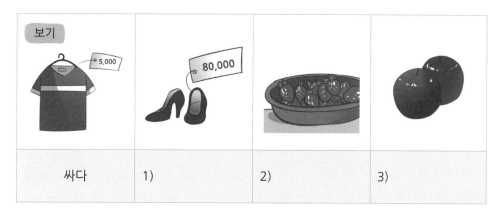

보기	1)	2)	3)
싸다			

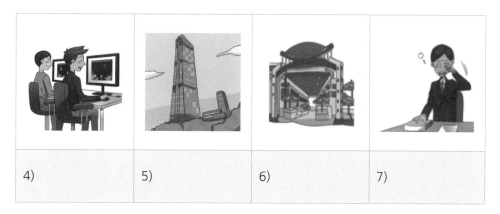

4)	5)	6)	7)

8)	9)	10)	11)

4 문법연습1

이름:

N이/가 A-아/어요

1 '-아/어요'를 사용해서 바꿔 쓰세요.

단어	-아/어요	단어	-아/어요	단어	해요
싸다		많다		편하다	
비싸다		적다		복잡하다	
맛있다		높다		친절하다	
재미있다		피곤하다		깨끗하다	

2 그림을 보고 [보기]와 같이 대화를 완성하세요.

> 보기
>
> 가: 김밥이 어때요?
> 나: 맛있어요.

1)

가: 구두가 어때요?

나: _____.

2)

가: 한국어 공부가 어때요?

나: _____.

3)

가: 와이셔츠가 어때요?

나: _____.

새 단어
New Vocabulary

와이셔츠 Y-shirt

4 문법연습2 　　　　　　　　　이름:

안 A

1 [보기]와 같이 대화를 완성하세요

> 보기
>
> 가: 피곤해요?
> 나: 아니요, 안 피곤해요.

1)

가: 컴퓨터가 싸요?

나: _____.

2)

가: 의자가 편해요?

나: _____.

3)

가: 명동이 복잡해요?

나: _____.

☆4)

가: 드라마가 재미있어요?

나: _____.

☆5)

가: 음식이 맛있어요?

나: _____.

새 단어
New Vocabulary

드라마 drama

5	어휘연습	이름:

1 그림을 보고 알맞은 단어를 연결하세요.

1)

•   • 숙제하다

2)

•   • 빌리다

3)

•   • 이야기하다

4)

•   • 마시다

5)

•   • 먹다

6)

•   • 사다

5 문법연습1   이름:

N을/를 V-아/어요

1 '-아/어요'를 사용해서 바꿔 쓰세요.

단어	-아/어요		단어	-아/어요
사다			빌리다	
먹다			숙제하다	
마시다			공부하다	
만나다			이야기하다	

2 그림을 보고 [보기]와 같이 대화를 완성하세요.

> 보기
>
> 가: 지금 뭐 해요?
> 나: <u>공부를 해요</u>.

1)

가: 지금 뭐 해요?

나: _____.

2)

가: 지금 뭐 해요?

나: _____.

3)

가: 지금 뭐 해요?

나: _____.

5 문법연습2

이름:

A/V-지 않다

1 [보기]와 같이 대화를 완성하세요

> **보기**   숙제 / 하다 (X)
>
> 가: 숙제해요?
>
> 나: 아니요, <u>숙제하지 않아요</u>.

1) 동생 / 밥 / 먹다 (X)

가: 동생이 밥을 먹어요?

나: 아니요, _____.

2) 꾸엔 씨 / 책 / 빌리다 (X)

가: 꾸엔 씨가 책을 빌려요?

나: 아니요, _____.

3) 선생님 / 물 / 마시다 (X)

가: 선생님이 물을 마셔요?

나: 아니요, _____.

4) 미선 씨 / 방 / 깨끗하다 (X)

가: 미선 씨 방이 깨끗해요?

나: 아니요, _____.

5) 대학교 기숙사 / 비싸다 (X)

가: 대학교 기숙사가 비싸요?

나: 아니요, _____.

6) 한국 친구 / 많다 (X)

가: 한국 친구가 많아요?

나: 아니요, _____.

새 단어
New
Vocabulary

기숙사 domitory

6	어휘연습	이름:

1 그림을 보고 [보기]와 같이 대화를 완성하세요.

보기

가: 꾸엔 씨는 뭐 해요?

나: <u>커피를 마셔요</u>.

1)

가: 제이미 씨는 뭐 해요?

나: _____.

2)

가: 상우 씨는 뭐 해요?

나: _____.

3)

가: 로빈 씨는 뭐 해요?

나: _____.

4)

가: 요코 씨는 뭐 해요?

나: _____.

5)

가: 상우 씨는 뭐 해요?

나: _____.

6	문법연습1	이름:

N에서

1 그림을 보고 [보기]와 같이 대화를 완성하세요.

보기

가: 요코 씨는 뭐 해요?

나: 식당에서 밥을 먹어요.

1)

가: 꾸엔 씨는 뭐 해요?

나: _____.

2)

가: 상우 씨는 뭐 해요?

나: _____.

3)

가: 로빈 씨는 뭐 해요?

나: _____.

2 ( )에 알맞은 단어를 [보기]에서 골라 쓰세요.

보기   에   에서

1) 머리가 아파요. 그래서 병원( ) 가요.

2) 저는 도서관( ) 숙제를 해요.

3) 저는 매일 공원( ) 산책을 해요.

4) 오늘은 수업이 없어요. 그래서 학교( ) 안 가요.

6 문법연습2

이름:

V-고

1 그림을 보고 [보기]와 같이 대화를 완성하세요.

보기

가: 오늘 뭐 해요?

나: <u>밥을 먹고 집에 가요</u>.

1)

가: 오늘 뭐 해요?

나: _____.

2)

가: 오늘 뭐 해요?

나: _____.

3)

가: 오늘 뭐 해요?

나: _____.

2 [보기]와 같이 질문에 대답하세요.

보기

가: 언제 도서관에 가요?

나: <u>수업이 끝나고 가요</u>.

1) 가: 언제 약을 먹어요?

　　나: _____.

2) 가: 언제 게임을 해요?

　　나: _____.

3) 가: 이를 닦고 세수를 해요?

　　나: 아니요, _____.

4) 가: 커피를 마시고 밥을 먹어요?

　　나: 아니요, _____.

7	어휘연습	이름:

1 알맞은 단어를 쓰세요.

Sunday 日	Monday 月	Tuesday 火	Wednesday 水	Thursday 木	Friday 金	Saturday 土
일요일						

2 알맞은 단어를 쓰세요.

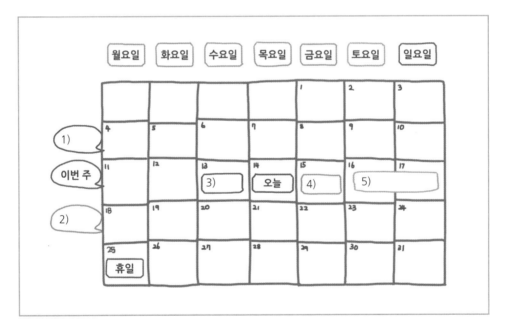

1) _____   2) _____   3) _____

4) _____   5) _____

7	문법연습1	이름:

N(시간)에

1 [보기]와 같이 대화를 완성하세요.

월요일	화요일	수요일	목요일	금요일	토요일	일요일
운동	도서관	친구를 만나다	산책	청소	쇼핑	영화

보기

가: 언제 청소해요?

나: 금요일에 청소해요.

1) 가: 언제 운동해요?

　　나: _____.

2) 가: 언제 쇼핑해요?

　　나: _____.

3) 가: 언제 친구를 만나요?

　　나: _____.

4) 가: 언제 영화를 봐요?

　　나: _____.

5) 가: 언제 산책을 해요?

　　나: _____.

7	문법연습2	이름:

A/V-았/었-

1 '-았/었-'을 사용해서 바꿔 쓰세요.

단어	-았/었어요		단어	-았/었어요		단어	했어요
자다			마시다			공부하다	
보다			읽다			쇼핑하다	
좋다			적다			복잡하다	
많다			맛있다			친절하다	

단어	이었어요/였어요		단어	이었어요/였어요
학생			가수	
선생님			의사	

2 [보기]와 같이 문장을 완성하세요.

> | 보기 | 어제 / 쇼핑 / 하다 → 어제 쇼핑을 했어요. |

1) 어제 / 친구 / 만나다 → _____.

2) 어제 / 태권도 / 배우다 → _____.

3) 지난주 토요일 / 명동 / 옷 / 사다 → _____.

4) 어제 / 극장 / 사람들 / 많다 → _____.

5) 지난주 일요일 / 길 / 복잡하다 → _____.

7 | 문법연습2

이름:

3 그림을 보고 [보기]와 같이 대화를 완성하세요.

> 보기
>
> 가: 지난주 일요일에 뭐 했어요?
> 나: <u>커피숍에서 친구를 만났어요.</u>

1)

가: 어제 뭐 했어요?

나: _____.

2)

가: 토요일에 뭐 했어요?

나: _____.

3)

가: 어제 게임을 했어요? 어땠어요?

나: _____.

4)

가: 주말에 집에서 쉬었어요?

나: _____.

5)

가: 명동에 사람이 많았어요?

나: _____.

| **8** | 어휘연습 | 이름: |

1 그림을 보고 [보기]와 같이 대화를 완성하세요.

> 보기
>
> 가: 주말에 뭐 했어요?
> 나: <u>농구를 했어요</u>.

1)

가: 어제 뭐 했어요?

나: _____.

2)

가: 토요일에 친구를 만났어요?

나: 아니요, _____.

3)

가: 주말에 집에서 쉬었어요?

나: 아니요, _____.

2 그림을 보고 [보기]와 같이 대화를 완성하세요.

> 보기
>
> 가: 노래를 잘해요?
> 나: 네, 잘해요. (○)
>   아니요, 잘 못해요. (△)
>   아니요, 못해요. (X)
>
> (X)

1)

가: 수영을 잘해요?

나: 네, _____.

(○)

2)

가: 영어를 잘해요?

나: 아니요, _____.

(△)

8 | 문법연습1 이름:

V-(으)ㄹ 수 있다(없다)

1 그림을 보고 [보기]와 같이 대화를 완성하세요.

> **보기**
>
> 가: 한국 음식을 만들 수 있어요?
> 나: 네, 만들 수 있어요.

1)

가: 스키를 _____?

나: _____.

2)

가: 한국 신문을 _____?

나: _____.

3)

가: 테니스를 _____?

나: _____.

4)

가: 자전거를 _____?

나: _____.

| **8** | **문법연습2** | 이름: |

V-는 것

1 '-는 것'을 사용해서 바꿔 쓰세요.

단어	-는 것		단어	-는 것
하다			사다	
타다			먹다	
치다			듣다	
마시다			읽다	

2 [보기]와 같이 문장을 완성하세요.

> 보기   기타를 치다 / 좋아하다 → 기타 치는 것을 좋아해요.

1) 운동하다 / 싫어하다   →   _____.

2) 신문을 읽다 / 싫어하다   →   _____.

3) 쇼핑하다 / 좋아하다   →   _____.

3 그림을 보고 [보기]와 같이 대화를 완성하세요.

> 보기   가: 피아노 치는 것을 좋아해요?
> 나: 네, 피아노 치는 것을 좋아해요.

1)

가: _____을/를 좋아해요?

나: 네, _____.

2)

가: _____을/를 좋아해요?

나: 네, _____.

9 | 어휘연습   이름:

1 알맞은 단어를 쓰고 연결하세요.

1)

   •   • 음악을 _____.

2)

   •   • 춤을 _____.

3)

   •   • 요리를 _____.

4)

   •   • 영화를 _____.

5)

   •   • 그림을 _____.

6)

   •   • 사진을 _____.

| **9** | **문법연습1** | 이름: |

V-ㅂ니까?/습니까?, V-ㅂ니다/습니다

1 '**V-ㅂ니까?/습니까?, V-ㅂ니다/습니다**'를 사용해서 바꿔 쓰세요.

단어	-ㅂ니까?/습니까?	-ㅂ니다/습니다
하다		
듣다		
보다		
찍다		
추다		
읽다		

2 그림을 보고 [보기]와 같이 대화를 완성하세요.

> | 보기 | | 가: 왕링 씨는 무엇을 합니까?
나: <u>편지를 씁니다</u>. |

1)

　　가: 상우 씨는 무엇을 합니까?

　　나: _____.

2)

　　가: 요코 씨는 무엇을 합니까?

　　나: _____.

3)

　　가: 가연 씨는 무엇을 합니까?

　　나: _____.

9	**문법연습2**	이름:

V-(으)세요

1 '-(으)세요'을 사용해서 바꿔 쓰세요.

단어	-(으)세요
보다	
쓰다	
사다	

단어	-(으)세요
앉다	
입다	
읽다	

2 그림을 보고 [보기]와 같이 대화를 완성하세요.

보기

가: 조용히 하세요.

나: 네, 알겠습니다.

1)

가: 방이 더러워요.

나: 그럼 _____.

2)

가: 피곤해요.

나: 그럼 _____.

3)

가: 운동하고 _____.

나: 네, 알겠습니다.

4)

가: 여기에 _____.

나: 네, 고맙습니다.

10	어휘연습	이름:

1 그림을 보고 알맞은 단어를 쓰세요.

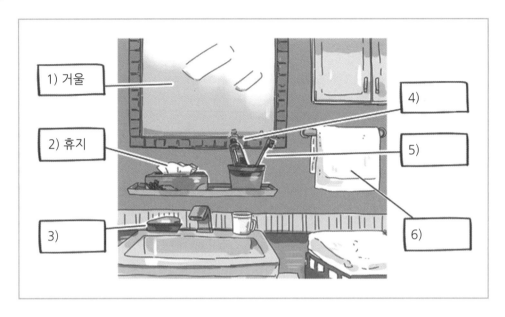

1) 거울
2) 휴지
3)
4)
5)
6)

2 그림을 보고 [보기]와 같이 대화를 완성하세요.

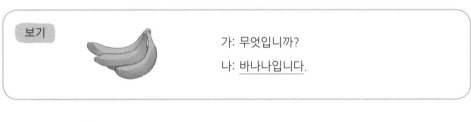

보기

가: 무엇입니까?
나: 바나나입니다.

1)

가: 무엇입니까?

나: _____.

2)

가: 무엇입니까?

나: _____.

3)

가: 무엇입니까?

나: _____.

10 문법연습1

이름:

단위 명사

1 그림과 알맞은 단어를 연결하세요.

1)   · · 자루

2)   · · 잔

3)   · · 권

4)   · · 개

5)   · · 송이

2 그림을 보고 [보기]와 같이 쓰세요.

> 보기 컴퓨터 <u>한 대</u>

1)

책상 _____

2)

책 _____

3)

콜라 _____

10 문법연습2   이름:

N 주세요

1 그림을 보고 [보기]와 같이 대화를 완성하세요.

> **보기**
>
> 가: 사과 있어요?
> 나: 네, 있어요.
> 가: 사과 <u>세 개 주세요.</u>

1)

가: 콜라 있어요?

나: 네, 있어요.

가: 콜라 _____.

2)

가: 지우개 있어요?

나: 네, 있어요.

가: 지우개 _____.

3)

가: 커피 있어요?

나: 네, 있어요.

가: 커피 _____.

4)

가: 바나나 있어요?

나: 네, 있어요.

가: 바나나 _____.

5)

가: 연필 있어요?

나: 네, 있어요.

가: 연필 _____.

11 어휘연습

이름:

1 알맞은 단어를 쓰세요.

1	2	3	4	5	6	7	8	9	10
일									
하나 (한)	( )	( )	( )						

100	1,000	10,000	100,000

2 그림을 보고 [보기]와 같이 대화를 완성하세요.

보기

6,000 원

가: 햄버거 얼마예요?

나: 한 개에 육천 원이에요.

1) 20,000 원

가: 한국어 책 얼마예요?

나: _____.

2) 6,500 원

가: 맥주 얼마예요?

나: _____.

3) 15,000 원

가: 포도 얼마예요?

나: _____.

11 문법연습1 　　　　　　　　　 이름:

이, 그, 저

1 그림을 보고 [보기]와 같이 대화를 완성하세요.

> **보기**
>
>
>
> 가: 이건 뭐예요?
> 나: <u>그건 책이에요</u>.

1)

가: 이건 뭐예요?

나: _____.

2)

가: 저건 뭐예요?

나: _____.

3)

가: 그건 뭐예요?

나: _____.

4)

가: 이건 뭐예요?

나: _____.

5)

가: 이건 뭐예요?

나: _____.

11 문법연습2   이름:

N하고 N

1 그림을 보고 [보기]와 같이 대화를 완성하세요.

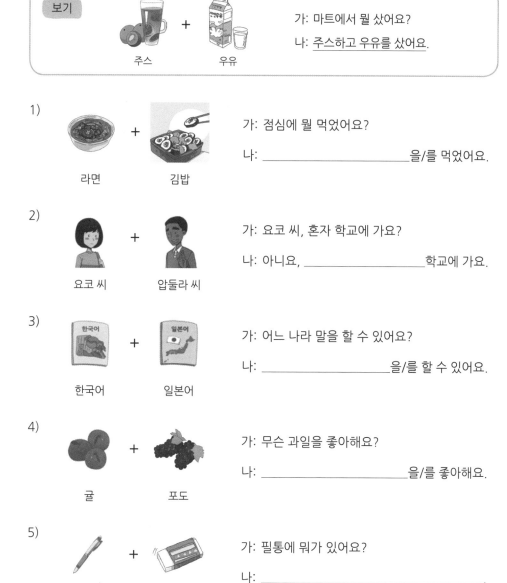

보기

주스 + 우유

가: 마트에서 뭘 샀어요?
나: <u>주스하고 우유를 샀어요.</u>

1)

라면 + 김밥

가: 점심에 뭘 먹었어요?
나: ＿＿＿＿＿＿＿＿＿＿＿을/를 먹었어요.

2)

요코 씨 + 압둘라 씨

가: 요코 씨, 혼자 학교에 가요?
나: 아니요, ＿＿＿＿＿＿＿＿＿＿학교에 가요.

3)

한국어 + 일본어

가: 어느 나라 말을 할 수 있어요?
나: ＿＿＿＿＿＿＿＿＿＿＿을/를 할 수 있어요.

4)

귤 + 포도

가: 무슨 과일을 좋아해요?
나: ＿＿＿＿＿＿＿＿＿＿＿을/를 좋아해요.

5)

볼펜 + 지우개

가: 필통에 뭐가 있어요?
나: ＿＿＿＿＿＿＿＿＿＿＿＿＿＿＿.

새 단어
New
Vocabulary

필통 pencil case

| **12** | **어휘연습** | 이름: |

1 그림을 보고 [보기]와 같이 대화를 완성하세요.

> 보기
>
> 가: 초콜릿 맛이 어때요?
>
> 나: 초콜릿이 달아요.

1)

가: 레몬 맛이 어때요?

나: _____.

2)

가: 커피 맛이 어때요?

나: _____.

3)

가: 고추 맛이 어때요?

나: _____.

4)

가: 아이스크림 맛이 어때요?

나: _____.

5)

가: 김치찌개가 _____.

나: 그럼 물을 좀 넣으세요.

12 문법연습1

이름:

V-고 싶다

1 그림을 보고 [보기]와 같이 대화를 완성하세요.

> 보기
>
>
>
> 가: 주말에 뭐 하고 싶어요?
>
> 나: <u>남자 친구하고 영화를 보고 싶어요.</u>

1)

가: 점심에 뭐 먹고 싶어요?

나: _____.

2)

가: 방학에 뭐 하고 싶어요?

나: _____.

3)

가: 무슨 운동을 배우고 싶어요?

나: _____.

4)

가: 한국에서 어디에 가고 싶어요?

나: _____.

5)

가: 뭘 사고 싶어요?

나: _____.

| 12 | 문법연습2 | | 이름: |

ㅂ 불규칙

1 '**ㅂ불규칙**'을 사용해서 바꿔 쓰세요.

단어	-ㅂ니다/습니다	-아/어요	-았/었어요
덥다	덥습니다	더워요	
더럽다			
뜨겁다			
어렵다			
입다			

2 그림을 보고 [보기]와 같이 문장을 완성하세요.

보기   오늘 날씨가 정말 ___더워요___. (덥다)

1)

한국어 공부가 조금 _____. (어렵다)

2)

어제 날씨가 조금 _____. (춥다)

3)

한국 음식은 _____. (맵다)

4)

이 영화는 _____. (무섭다)

새 단어
New
Vocabulary

무섭다 horrible

74

13	어휘연습	이름:

1 알맞은 단어를 쓰세요.

1)
2)
3)
4)
5)

2 그림을 보고 [보기]와 같이 대화를 완성하세요.

보기

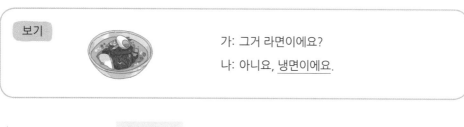

가: 그거 라면이에요?
나: 아니요, <u>냉면이에요.</u>

1)

가: 점심에 뭐 먹었어요?

나: _____.

2)

가: 무슨 찌개를 좋아해요?

나: _____.

3)

가: 무슨 음식을 좋아해요?

나: _____.

13 | 문법연습1 이름:

V-아/어 보다

1 그림을 보고 [보기]와 같이 대화를 완성하세요.

보기

가: 한국에서 등산을 해 봤어요?
나: 아니요, 못 해 봤어요.
가: 그럼 한번 __해 보세요__ . 정말 좋아요.

1)

가: 떡볶이를 먹어 봤어요?
나: 아니요, _____.
가: 그럼 한번 _____. 맛있어요.

2)

가: 명동에 가 봤어요?
나: 아니요, _____.
가: 그럼 한번 _____. 옷이 싸요.

3)

가: 요가를 배워 봤어요?
나: 아니요, _____.
가: 그럼 한번 _____. 어렵지 않아요.

4)

가: 스키를 _____?
나: 아니요, _____.
가: 그럼 한번 _____. 재미있어요.

5)

가: 제주도에 _____?
나: 아니요, _____.
가: 그럼 한번 _____. 정말 아름다워요.

새 단어
New
Vocabulary

아름답다 beautiful

13 문법연습2   이름:

A/V-지만

1 알맞은 단어를 골라 문장을 완성하세요.

| 많다 | 비싸다 | 편하다 | 맛있다 | 어렵다 |

1) 구두는 불편하지만 운동화는 _____.

2) 백화점은 _____ 시장은 싸요.

3) 도서관에 학생이 _____ 조용해요.

4) 그 식당은 비싸지만 _____.

5) 한국어는 _____ 재미있어요.

2 그림을 보고 [보기]와 같이 대화를 완성하세요.

보기

싸다 / 복잡하다

가: 이 시장이 싸요?

나: 네, 싸지만 복잡해요.

1)

맛있다 / 비싸다

가: 삼계탕이 맛있어요?

나: 네, _____.

2)

비싸다 / 좋다

가: 컴퓨터가 어때요?

나: _____.

3)

마시다 / 안 마시다

가: 리신 씨와 압둘라 씨가 맥주를 마셔요?

나: _____.

14	**어휘연습**	이름:

1 알맞은 단어를 연결하세요.

보기

•   • 오전

1)

•   • 아침

2)

•   • 낮

3)

•   • 밤

4)

•   • 오후

5)

•   • 새벽

| 14 | 문법연습1 | | | 이름: |

ㄷ 불규칙

1 'ㄷ불규칙'을 사용해서 바꿔 쓰세요.

단어	-ㅂ니다/습니다	-아/어요	-았/었어요	-(으)세요
걷다	걷습니다			
듣다		들어요		
닫다				

2 그림을 보고 [보기]와 같이 대화를 완성하세요.

보기

가: 왕링 씨, 어제 뭐 했어요?

나: 한국 음악을 들었어요.

1)

가: 어제 극장에 갔어요?

나: 아니요, 공원에서 요코 씨하고 _____.

2)

가: 지금 뭐 해요?

나: 지금 노래를 _____.

3)

가: 왕링 씨, 추워요?

나: 네, 창문을 _____.

| **14** | **문법연습2** | | 이름: | |

V-(으)ㄹ 거예요

1 '-(으)ㄹ 거예요'를 사용해서 바꿔 쓰세요.

단어	-(으)ㄹ 거예요	단어	-(으)ㄹ 거예요
가다		자다	
먹다		닫다	
마시다		걷다	
전화하다		듣다	

2 그림을 보고 [보기]와 같이 대화를 완성하세요.

보기
가: 이번 주말에 뭐 할 거예요?
나: 친구를 만날 거예요.

1)

가: 오후에 뭐 할 거예요?

나: 도서관에서 _____.

2)

가: 오후에 명동에 갈 거예요?

나: 아니요, _____.

3)

가: 이번 주 토요일에 약속이 있어요?

나: 네, _____.

15 | 어휘연습

이름:

1 그림을 보고 [보기]와 같이 대화를 완성하세요.

보기

가: 몇 시예요?

나: <u>세 시 오 분이에요.</u>

1)

가: 몇 시예요?

나: _____.

2)

가: 몇 시예요?

나: _____.

3)

가: 몇 시예요?

나: _____.

4)

가: 몇 시예요?

나: _____.

15	문법연습1	이름:

N부터 N까지

1 그림을 보고 [보기]와 같이 대화를 완성하세요.

> 보기
>
> 토요일~일요일
>
> 가: 가연 씨는 언제 아르바이트를 해요?
>
> 나: 토요일부터 일요일까지 해요.

1)

15:00~17:00

가: 상우 씨는 언제 춤 연습을 해요?

나: 매일 _____.

2)

월요일~화요일

가: 시험이 언제예요?

나: 다음 주 _____.

3)

〈여름학기〉
6월 7일~8월 13일

가: 여름 학기는 언제예요?

나: _____.

4)

2015년 12월 3일

가: 언제부터 한국에 살았어요?

나: _____.

5)

open
09:00~23:00

가: 몇 시까지 도서관에서 공부할 수 있어요?

나: _____.

15 문법연습2　　　　　　　　　　이름:

V-(으)ㄹ까요?(우리)

1 '-(으)ㄹ까요?'을 사용해서 바꿔 쓰세요.

단어	-(으)ㄹ까요?
가다	
보다	
마시다	
배우다	

단어	-(으)ㄹ까요?
먹다	
전화하다	
걷다	
듣다	

2 그림을 보고 [보기]와 같이 대화를 완성하세요.

보기

가: 우리 같이 커피를 <u>마실까요?</u>
나: 네, 같이 마셔요.

1)

가: 이번 주 토요일에 같이 ＿＿＿＿＿＿＿＿＿＿?
나: 네, 같이 봐요.

2)

가: 우리 내일 몇시에 ＿＿＿＿＿＿＿＿＿＿＿?
나: 5시에 만나요.

3)

가: 방학에 제주도에 ＿＿＿＿＿＿＿＿＿＿?
나: 그래요. 제주도에 가요.

16 | **어휘연습** 이름:

1 알맞은 단어를 연결하세요.

1)

· · 맑다

2)

· · 시원하다

3)

· · 춥다

4)

· · 비가 오다

5)

· · 덥다

6)

· · 바람이 불다

16 문법연습1   이름:

V-고 있다

1 그림을 보고 [보기]와 같이 문장을 완성하세요.

> **보기**
>
> 가: 지금 뭐 해요?
> 나: <u>텔레비전을 보고 있어요</u>.

1)

가: 지금 뭐 해요?

나: _____.

2)

가: 지금 뭐 해요?

나: _____.

3)

가: 로빈 씨는 뭐 해요?

나: _____.

4)

가: 리신 씨는 뭐 해요?

나: _____.

5)

가: 한국에서 뭐 해요?

나: _____.

16	문법연습2	이름:

A/V-아/어서

1 '-아/어서'를 사용해서 바꿔 쓰세요.

단어	-아/어서
사다	
보다	
많다	
좋다	

단어	-아/어서
먹다	
마시다	
배우다	
걷다	

단어	해서
운동하다	
청소하다	
피곤하다	
깨끗하다	

단어	(이)라서
가수	
배우	

단어	(이)라서
학생	
선생님	

2 [보기]와 같이 문장을 완성하세요.

> 보기
>
> 이 식당은 음식이 맛있어요. 그래서 사람이 많아요.
> → 이 식당은 음식이 맛있어서 사람이 많아요.

1) 영화가 재미있어요. 그래서 또 보고 싶어요.

→ _____.

2) 일요일이에요. 그래서 학교에 안 가요.

→ _____.

3) 청소를 했어요. 그래서 집이 깨끗해요.

→ _____.

16 문법연습2   이름:

3 보기]와 같이 대화를 완성하세요.

> 보기
>
> 가: 왜 도서관에 가요?
>
> 나: <u>내일 시험이 있어서 도서관에 가요</u>. (내일 시험이 있다)

1) 가: 어제 미선 씨 생일 파티에 갔어요?

   나: 아니요, _____ 못 갔어요. (숙제가 많다)

2) 가: 왜 저녁을 안 먹어요?

   나: _____ 저녁을 안 먹어요. (점심을 많이 먹다)

3) 가: 어제 친구를 만났어요?

   나: 아니요, _____ 못 만났어요. (일이 많다)

4) 가: _____ 힘들어요. 잠깐 쉴까요? (오래 걷다)

   나: 네, 좋아요. 우리 여기에 앉아요.

5) 가: 미미 씨가 노래를 잘해요?

   나: 네, _____ 노래를 잘해요. (가수)

어휘연습 이름:

1 **알맞은 단어를 쓰고 연결하세요.**

1)  •　　　　　• 봄

_____

2)  •　　　　　• 여름

_____

3)  •　　　　　• 가을

_____

4)  •　　　　　• 겨울

_____

17 문법연습1

이름:

N보다

1 그림을 보고 [보기]와 같이 대화를 완성하세요.

> 보기
>
> 〈언니〉 > 〈동생〉
>
> 가: 누가 커요?
> 나: <u>언니가 동생보다 커요.</u>

1)

〈테니스공〉 > 〈축구공〉

가: 뭐가 작아요?

나: _____.

2)

〈사과〉 < 〈수박〉

가: 뭐가 달아요?

나: _____.

3)

〈시장〉 > 〈백화점〉

가: 어디가 싸요?

나: _____.

4)

〈운동을 하는 것〉 < 〈운동을 보는 것〉

가: 뭘 더 좋아해요?

나: _____.

5)

가나다라 < ABCD

〈한국어〉 〈영어〉

가: 뭘 더 잘해요?

나: _____.

17 문법연습2

이름:

V-(으)러 가다(오다)

1 [보기]와 같이 문장을 완성하세요.

월	도서관 / 숙제를 하다
화	사무실 / 선생님을 만나다
수	우체국 / 편지를 보내다
목	대사관 / 여권을 찾다
금	인사동 / 부모님 선물을 사다
토	세종 영화관 / 영화를 보다
일	공원 / 산책을 하다

보기 월요일에는 도서관에 숙제를 하러 가요.

1) 화요일에는 _____.

2) 수요일에는 _____.

3) 목요일에는 _____.

4) 금요일에는 _____.

5) 토요일에는 _____.

6) 일요일에는 _____.

2 그림을 보고 [보기]와 같이 대화를 완성하세요.

보기

가: 왕링 씨는 어디에 갔어요?

나: 머리하러 미용실에 갔어요.

1)

가: 로빈 씨, 어디에 갔다 왔어요?

나: _____.

2)

가: 방학에 뭐 할 거예요?

나: _____.

 새 단어
New
Vocabulary

대사관 embassy | **머리하다** do one's hair | **미용실** hair salon

18 어휘연습　　　　　　　　이름:

1 알맞은 단어를 연결하세요.

1)  ・　　　　　　・ 택시

2)  ・　　　　　　・ 오토바이

3)  ・　　　　　　・ 비행기

4)  ・　　　　　　・ 버스

5)  ・　　　　　　・ 자전거

6)  ・　　　　　　・ 지하철

18 문법연습1

이름:

N에서 N까지

1 그림을 보고 [보기]와 같이 문장을 만드세요.

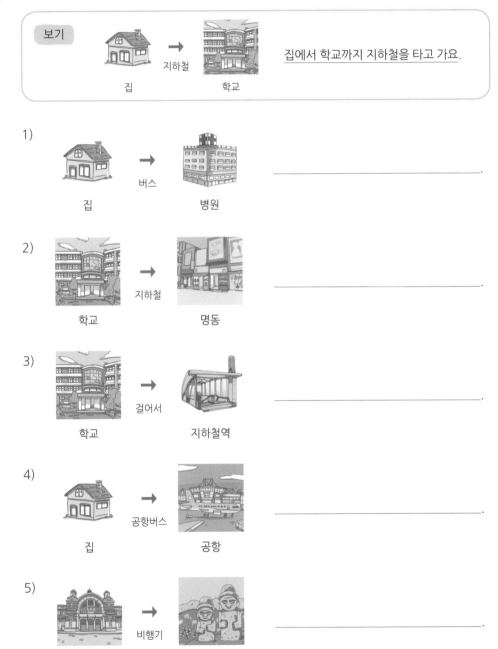

보기

집 → 학교
지하철

집에서 학교까지 지하철을 타고 가요.

1) 집 → 병원
버스

_____.

2) 학교 → 명동
지하철

_____.

3) 학교 → 지하철역
걸어서

_____.

4) 집 → 공항
공항버스

_____.

5) 서울 → 제주도
비행기

_____.

18 문법연습2   이름:

N(으)로

1 그림을 보고 [보기]와 같이 대화를 완성하세요.

> **보기**
>
>
>
> 가: 요코 씨, 공원에 어떻게 가요?
> 나: <u>자전거로 가요</u>.

1)

가: 로빈 씨, 영화관에 어떻게 가요?

나: _____.

2)

가: 꾸엔 씨, 한국에 어떻게 왔어요?

나: _____.

3)

가: 리신 씨, 부산에 어떻게 갔어요?

나: _____.

4)

가: 압둘라 씨, 명동에 택시로 갈까요?

나: 지금은 길이 복잡할 거예요.

_____.

5)

가: 상우 씨, 제주도에 비행기로 갈 거예요?

나: 아니요, 비행기표를 못 사서

_____.

한글 1

모음1

3. ① 1) 오 2) 어 3) 우
4) 아 5) 으 6) 어
7) 우 8) 이 9) 오이
10) 아우

② 1) 우 2) 어 3) 오
4) 이 5) 어 6) 으
7) 아이 8) 우이

③ 1) 아이 2) 오이 3) 오
4) 이

자음1

3. ① 1) 가 2) 두 3) 구두
4) 거리 5) 누나 6) 오다
7) 거기 8) 누구 9) 다리
10) 우리

② 1) 고 2) 더 3) 누나
4) 고기 5) 가다 6) 오리
7) 거리 8) 나라 9) 누구
10) 고기

③ 1) 아기 2) 고기 3) 나라
4) 누나 5) 다리 6) 우리

모음2

3. ① 1) 요 2) 여 3) 유
4) 야구 5) 여기 6) 우유
7) 여유 8) 요가 9) 요리
10) 이야기

② 1) 유 2) 야 3) 여
4) 요 5) 여우 6) 여유
7) 여기 8) 요리

③ 1) 여기 2) 야구 3) 우유
4) 요리

한글 2

자음2

3. ① 1) 지도 2) 바다 3) 어머니
4) 사자 5) 모자 6) 교수
7) 보다 8) 하마 9) 주부
10) 호수

② 1) 바다 2) 하나 3) 마시다
4) 사다 5) 야자 6) 휴지
7) 사다 8) 지하 9) 주소
10) 버스

③ 1) 나무 2) 사다 3) 바지
4) 지도 5) 가수 6) 바나나

자음3

3. ① 1) 카 2) 버 3) 트
4) 추 5) 자다 6) 피자

② 1) 고 2) 타요 3) 보도
4) 치마 5) 고추

③ 1) 카드 2) 우표 3) 스키
4) 기차 5) 티셔츠

자음4

3. ① 1) 삐   2) 카   3) 짜
       4) 싸요   5) 꺼요   6) 도끼

     ② 1) 또   2) 써요   3) 고리
       4) 가짜   5) 부리

     ③ 1) 까치   2) 코끼리   3) 따요
       4) 바빠요   5) 짜요

모음3

3. ① 1) 네   2) 애   3) 얘기
       4) 의사   5) 노래   6) 세계

     ② 1) 애   2) 얘   3) 의
       4) 시수   5) 서예

     ③ 1) 가게   2) 시계   3) 의자
       4) 노래   5) 예뻐요   6) 테니스

     ② 1) 밤   2) 술   3) 정
       4) 고향   5) 컴

     ③ 1) 책   2) 밥   3) 숙제
       4) 필통   5) 화장   6) 컴퓨터

한글 3

모음4

3. ① 1) 봐   2) 뭐   3) 왜
       4) 회사   5) 교자   6) 쉬다

     ② 1) 와   2) 위   3) 워
       4) 사과   5) 스웨터

     ③ 1) 화가   2) 회의   3) 가위
       4) 돼지   5) 더워요

받침

3. ① 1) 공   2) 옷   3) 반
       4) 낮   5) 암   6) 둥
       7) 찬   8) 핥   9) 곧
       10) 컵

모범 답안

한글 1

모음1 3. ① 1) ① 　2) ② 　3) ② 　4) ① 　5) ①
6) ② 　7) ② 　8) ① 　9) ② 　10) ②

② 1) 우 × 　2) 어 × 　3) 오 × 　4) 이 ○ 　5) 어 ○
6) 으 ○ 　7) 아이 ○ 　8) 우이 ×

③ 1) 아이 　2) 오이 　3) 오 　4) 이

자음1 3. ① 1) ① 　2) ① 　3) ① 　4) ① 　5) ②
6) ① 　7) ② 　8) ② 　9) ① 　10) ②

② 1) 고 × 　2) 더 ○ 　3) 누나 ○ 　4) 고기 × 　5) 가다 ○
6) 오리 × 　7) 거리 × 　8) 나라 ○ 　9) 누구 × 　10) 고기 ○

③ 1) 아기 　2) 고기 　3) 나라 　4) 누나 　5) 다리
6) 우리

모음2 3. ① 1) ① 　2) ② 　3) ② 　4) ② 　5) ①
6) ① 　7) ② 　8) ② 　9) ① 　10) ①

② 1) 유 × 　2) 야 ○ 　3) 여 ○ 　4) 요 × 　5) 여우 ○
6) 여유 ○ 　7) 여기 × 　8) 요리 ×

③ 1) 여기 　2) 야구 　3) 우유 　4) 요리

한글 2

자음2 3. ① 1) ② 　2) ① 　3) ② 　4) ② 　5) ②
6) ① 　7) ① 　8) ① 　9) ① 　10) ②

② 1) 바다 × 　2) 하나 × 　3) 마시다 ○ 　4) 사다 ○ 　5) 야자 ×
6) 휴지 ○ 　7) 사다 × 　8) 지하 ○ 　9) 주소 × 　10) 버스 ○

③ 1) 나무 　2) 사다 　3) 바지 　4) 지도 　5) 가수
6) 바나나

자음3	**3.**	①	1) ②	2) ①	3) ②	4) ②	5) ①
			6) ②				
		②	1) 고 ×	2) 타요 ○	3) 보도 ×	4) 치마 ○	5) 고추 ○
		③	1) 카드	2) 우표	3) 스키	4) 기차	5) 티셔츠

자음4	**3.**	①	1) ②	2) ①	3) ②	4) ②	5) ①
			6) ①				
		②	1) 또 ○	2) 써요 ○	3) 고리 ×	4) 가짜 ○	5) 부리 ×
		③	1) 까치	2) 코끼리	3) 따요	4) 바빠요	5) 짜요

모음3	**3.**	①	1) ②	2) ①	3) ②	4) ②	5) ①
			6) ②				
		②	1) 애 ○	2) 얘 ○	3) 의 ○	4) 시수 ×	5) 서예 ○
		③	1) 가게	2) 시계	3) 의자	4) 노래	5) 예뻐요
			6) 테니스				

한글 3

모음4	**3.**	①	1) ②	2) ②	3) ②	4) ②	5) ①
			6) ①				
		②	1) 와 ○	2) 위 ×	3) 워 ×	4) 사과 ○	5) 스웨터 ○
		③	1) 화가	2) 회의	3) 가위	4) 돼지	5) 더워요

받침	**3.**	①	1) ①	2) ①	3) ②	4) ①	5) ②
			6) ②	7) ①	8) ②	9) ①	10) ①
		②	1) 밤 ×	2) 술 ○	3) 정 ×	4) 고향 ○	5) 컴 ×
		③	1) 책	2) 밥	3) 숙제	4) 필통	5) 화장
			6) 컴퓨터				

제1과

| 어휘 | **1.** | 1) 한국 | 2) 중국 | 3) 베트남 | 4) 일본 |
| | | 5) 미국 | 6) 프랑스 | | |

| | **2.** | 1) 선생님 | 2) 요리사 | 3) 의사 | 4) 가수 |
| | | 5) 회사원 | 6) 경찰관 | | |

문법 1

1. 1) 네, 의사예요

2) 상우 씨는 학생이에요

3) 김승기 씨는 선생님이에요 / 네, 선생님이에요

4) 선생님은 한국 사람이에요 / 네, 한국 사람이에요

5) 꾸엔 씨는 베트남 사람이에요 / 네, 베트남 사람이에요

문법 2

1. | 1) 이 | 2) 가 | 3) 가 | 4) 이 |
| 5) 이 | 6) 이 | | |

2. 1) 왕링 씨는 한국 사람이 아니에요 / 중국 사람이에요

2) 하나코 씨는 중국 사람이 아니에요 / 일본 사람이에요

3) 바트 씨는 요리사가 아니에요 / 의사예요

4) 이빈 씨는 기자가 아니에요 / 회사원이에요

제2과

어휘	**1.**	1) 할아버지	2) 할머니	3) 외할아버지	4) 외할머니
		5) 아버지	6) 어머니	7) 형/오빠	8) 누나/언니
		9) 여동생	10) 남동생		

문법 1

1. 1) 네, 있어요   2) 네, 있어요

3) 아니요, 없어요   4) 친구가 있어요 / 네, 있어요

5) 여자 친구가 있어요 / 네, 있어요

문법 2

1. 2) 둘(두), 셋(세), 넷(네), 다섯, 여섯, 일곱, 여덟, 아홉, 열

2. 1) 세 명 있어요   2) 한 명 있어요

3) 두 명 있어요

제3과

1. 1) 학교 2) 도서관 3) 편의점 4) 서점
5) 영화관 6) 식당 7) 커피숍 8) 은행

2. 1) 앞 2) 뒤 3) 위 4) 아래
5) 안 6) 밖 7) 옆

문법 1

1. 1) 식당에 가요 2) 서점에 가요.
3) 영화관에 가요 4) 도서관에 가요
5) 편의점에 가요

문법 2

1. 1) 이 / 에 2) 가 / 에 3) 에 / 이 4) 에 / 이

2. 1) 은행 옆에 있어요 2) 리신 씨 뒤에 있어요
3) 편의점 위에 있어요

제4과

어휘

1. 1) 비싸다 2) 많다 3) 적다 4) 재미있다
5) 높다 6) 복잡하다 7) 피곤하다 8) 편하다
9) 맛있다 10) 친절하다 11) 깨끗하다

문법 1

1.

단어	-아/어요		단어	-아/어요		단어	해요
싸다	싸요		많다	많아요		편하다	편해요
비싸다	비싸요		적다	적어요		복잡하다	복잡해요
맛있다	맛있어요		높다	높아요		친절하다	친절해요
재미있다	재미있어요		피곤하다	피곤해요		깨끗하다	깨끗해요

2. 1) 비싸요 2) 재미있어요 3) 깨끗해요

문법 2

1. 1) 아니요, 안 싸요 2) 아니요, 안 편해요
3) 아니요, 안 복잡해요 4) 아니요, 재미없어요
5) 아니요, 맛없어요

제5과

어휘

1. 1) 마시다 　　 2) 숙제하다 　　 3) 먹다 　　 4) 빌리다
　　 5) 이야기하다 　 6) 사다

문법 1

1.

단어	-아/어요
사다	사요
먹다	먹어요
마시다	마셔요
만나다	만나요

단어	-아/어요
빌리다	빌려요
숙제하다	숙제해요
공부하다	공부해요
이야기하다	이야기해요

2. 1) 책을 빌려요 　　 2) 태권도를 배워요 　　 3) 친구를 만나요

문법 2

1. 1) 밥을 먹지 않아요 　　　　　　　 2) 책을 빌리지 않아요
　　 3) 물을 마시지 않아요 　　　　　　 4) 깨끗하지 않아요
　　 5) 비싸지 않아요 　　　　　　　　 6) 많지 않아요

제6과

어휘

1. 1) 영화를 봐요 　　 2) 옷을 입어요 　　 3) 잠을 자요 　　 4) 산책을 해요
　　 5) 책을 읽어요

문법 1

1. 1) 도서관에서 공부를 해요 　　　　　 2) 편의점에서 주스를 사요
　　 3) 집에서 잠을 자요

2. 1) 에 　　 2) 에서 　　 3) 에서 　　 4) 에

문법 2

1. 1) 청소를 하고 쉬어요 　　　　　　　 2) 밥을 먹고 도서관에서 책을 빌려요
　　 3) 운동을 하고 샤워해요

2. 1) 밥을 먹고 약을 먹어요 　　　　　　 2) 숙제를 하고 게임을 해요
　　 3) 세수를 하고 이를 닦아요 　　　　　 4) 밥을 먹고 커피를 마셔요

제7과

어휘

1. 월요일, 화요일, 수요일, 목요일, 금요일, 토요일

2. 1) 지난주　　　　2) 다음 주　　　　3) 어제　　　　4) 내일
5) 주말

문법 1

1. 1) 월요일에 운동해요　　　　　　2) 토요일에 쇼핑해요
3) 수요일에 친구를 만나요　　　　4) 일요일에 영화를 봐요
5) 목요일에 산책을 해요

문법 2

1.

단어	-았/었어요
자다	잤어요
보다	봤어요
좋다	좋았어요
많다	많았어요

단어	-았/었어요
마시다	마셨어요
읽다	읽었어요
적다	적었어요
맛있다	맛있었어요

단어	했어요
공부하다	공부했어요
쇼핑하다	쇼핑했어요
복잡하다	복잡했어요
친절하다	친절했어요

단어	이었어요/였어요
학생	학생이었어요
선생님	선생님이었어요

단어	이었어요/였어요
가수	가수였어요
의사	의사였어요

2. 1) 어제 친구를 만났어요　　　　　　2) 어제 태권도를 배웠어요
3) 지난주 토요일에 명동에서 옷을 샀어요　4) 어제 극장에 사람들이 많았어요
5) 지난주 일요일에 길이 복잡했어요

3. 1) 집에서 요리를 했어요　　　　　　2) 도서관에서 숙제를 했어요
3) 재미있었어요　　　　　　　　　　4) 아니요, 집에서 청소를 했어요
5) 아니요, 적었어요

제8과

어휘

1. 1) 자전거를 탔어요 2) 기타를 쳤어요 3) 축구를 했어요

2. 1) 잘해요 2) 잘 못해요

문법 1

1. 1) 탈 수 있어요 / 네, 탈 수 있어요
2) 읽을 수 있어요 / 아니요, 읽을 수 없어요
3) 칠 수 있어요 / 아니요, 칠 수 없어요
4) 탈 수 있어요 / 네, 탈 수 있어요

문법 2

1.

단어	-는 것	단어	-는 것
하다	하는 것	사다	사는 것
타다	타는 것	먹다	먹는 것
치다	치는 것	듣다	듣는 것
마시다	마시는 것	읽다	읽는 것

2. 1) 운동하는 것을 싫어해요 2) 신문을 읽는 것을 싫어해요
3) 쇼핑하는 것을 좋아해요

3. 1) 산책하는 것 / 산책하는 것을 좋아해요
2) 스케이트 타는 것 / 스케이트 타는 것을 좋아해요

제9과

어휘

1. 1) 춤을 추다 2) 음악을 듣다 3) 그림을 그리다 4) 영화를 보다
5) 사진을 찍다 6) 요리를 하다

문법 1

1.

단어	-ㅂ니까?/습니까?	-ㅂ니다/습니다
하다	합니까?	합니다
듣다	듣습니까?	듣습니다
보다	봅니까?	봅니다
찍다	찍습니까?	찍습니다
추다	춥니까?	춥니다
읽다	읽습니까?	읽습니다

2. 1) 책을 읽습니다　　2) 요리를 합니다　　3) 사진을 찍습니다

<table>
<tr><td>문법 2</td><td>1.</td></tr>
</table>

1.

단어	-(으)세요
보다	보세요
쓰다	쓰세요
사다	사세요

단어	-(으)세요
앉다	앉으세요
입다	입으세요
읽다	읽으세요

2. 1) 청소하세요　　2) 쉬세요　　3) 샤워하세요　　4) 앉으세요

제10과

어휘

1. 3) 비누　　4) 치약　　5) 칫솔　　6) 수건

2. 1) 포도입니다　　2) 커피입니다　　3) 사과입니다

문법 1

1. 1) 개　　2) 권　　3) 자루　　4) 송이
5) 잔

2. 1) 네 개　　2) 여섯 권　　3) 여덟 병

문법 2

1. 1) 두 병 주세요　　2) 네 개 주세요　　3) 한 잔 주세요　　4) 한 송이 주세요
5) 세 자루 주세요

제11과

어휘

1.

1	2	3	4	5	6	7	8	9	10
일	이	삼	사	오	육	칠	팔	구	십
하나 (한)	둘 (두)	셋 (세)	넷 (네)	다섯	여섯	일곱	여덟	아홉	열

100	1,000	10,000	100,000
백	천	만	십만

2. 1) 한 권에 이만 원이에요　　　　2) 한 잔에 육천오백 원이에요
3) 두 송이에 만 오천 원이에요

문법 1	**1.**	1) 그건 바나나예요	2) 저건 연필이에요	3) 이건 딸기예요
		4) 그건 가방이에요	5) 그건 주스예요	

문법 2	**1.**	1) 라면하고 김밥을	2) 압둘라 씨하고
		3) 한국어하고 일본어를	4) 귤하고 포도를
		5) 볼펜하고 지우개가 있어요	

제12과

어휘	**1.**	1) 레몬이 셔요	2) 커피가 써요	3) 고추가 매워요
		4) 아이스크림이 달아요	5) 짜요	

문법 1	**1.**	1) 비빔밥을 먹고 싶어요	2) 여행을 하고 싶어요
		3) 수영을 배우고 싶어요	4) 부산에 가고 싶어요
		5) 구두를 사고 싶어요	

문법 2   **1.**

단어	-ㅂ니다/습니다	-아/어요	-았/었어요
덥다	덥습니다	더워요	더웠어요
더럽다	더럽습니다	더러워요	더러웠어요
뜨겁다	뜨겁습니다	뜨거워요	뜨거웠어요
어렵다	어렵습니다	어려워요	어려웠어요
입다	입습니다	입어요	입었어요

         2.   1) 어려워요   2) 추웠어요   3) 매워요   4) 무서워요

제13과

어휘	**1.**	1) 반찬	2)밥	3) 국	4) 숟가락
		5) 젓가락			

         2.   1) 라면하고 김밥을 먹었어요   2) 된장찌개하고 김치찌개를 좋아해요

                3) (   )을/를 좋아해요

문법 1	**1.**	1) 못 먹어 봤어요 / 먹어 보세요	2) 못 가 봤어요 / 가 보세요
		3) 못 배워 봤어요 / 배워 보세요	4) 타 봤어요 / 못 타 봤어요 / 타 보세요
		5) 가 봤어요 / 못 가 봤어요 / 가 보세요	

문법 2	**1.**	1) 편해요	2) 비싸지만	3) 많지만	4) 맛있어요

5) 어렵지만

2. 1) 맛있지만 비싸요　　2) 비싸지만 좋아요
3) 리신 씨는 마시지만 압둘라 씨는 안 마셔요

제14과

어휘	**1.**	1) 오전	2) 오후	3) 낮	4) 새벽	5) 밤

문법 1 **1.**

단어	-ㅂ니다/습니다	-아/어요	-았/었어요	-(으)세요
걷다	걷습니다	걸어요	걸었어요	걸으세요
듣다	듣습니다	들어요	들었어요	들으세요
닫다	닫습니다	닫아요	닫았어요	닫으세요

2. 1) 걸었어요　　2) 들어요　　3) 닫으세요

문법 2 **1.**

단어	-(으)ㄹ 거예요
가다	갈 거예요
먹다	먹을 거예요
마시다	마실 거예요
전화하다	전화할 거예요

단어	-(으)ㄹ 거예요
자다	잘 거예요
닫다	닫을 거예요
걷다	걸을 거예요
듣다	들을 거예요

2. 1) 숙제를 할 거예요　　　　2) 집에서 쉴 거예요
3) 친구하고 자전거를 탈 거예요

제15과

어휘	**1.**	1) 아홉 시 십 분이에요	2) 한 시 반이에요

3) 열두 시예요　　　　　　　　　4) 여덟 시 사십오 분이에요

문법 1 **1.** 1) 오후 세 시부터 다섯 시까지 해요　　2) 월요일부터 화요일까지예요
3) 6월 7일부터 8월 13일까지예요　　4) 2015년 12월 3일부터 살았어요
5) 밤 11시까지 공부할 수 있어요

1.

단어	-(으)ㄹ까요?
가다	갈까요?
보다	볼까요?
마시다	마실까요?
배우다	배울까요?

단어	-(으)ㄹ까요?
먹다	먹을까요?
전화하다	전화할까요?
걷다	걸을까요?
듣다	들을까요?

2. 1) 영화 볼까요　　2) 만날까요　　3) 갈까요

제16과

어휘

1. 1) 시원하다　　2) 덥다　　3) 바람이 불다　　4) 비가 오다
　　5) 맑다　　6) 춥다

문법 1

1. 1) 운전을 하고 있어요　　　　2) 숙제를 하고 있어요
　　3) 잠을 자고 있어요　　　　4) 친구를 기다리고 있어요
　　5) 한국어를 배우고 있어요

문법 2

1.

단어	-아/어서
사다	사서
보다	봐서
많다	많아서
좋다	좋아서

단어	-아/어서
먹다	먹어서
마시다	마셔서
배우다	배워서
걷다	걸어서

단어	해서
운동하다	운동해서
청소하다	청소해서
피곤하다	피곤해서
깨끗하다	깨끗해서

단어	(이)라서
가수	가수라서
배우	배우라서

단어	(이)라서
학생	학생이라서
선생님	선생님이라서

2. 1) 영화가 재미있어서 또 보고 싶어요　　2) 일요일이라서 학교에 안 가요
　　3) 청소를 해서 집이 깨끗해요

3. 1) 숙제가 많아서　　　　2) 점심을 많이 먹어서
　　3) 일이 많아서　　　　4) 오래 걸어서
　　5) 가수라서

제17과

어휘

1. 1) 물놀이를 하다 / 여름　　　　　2) 꽃구경을 하다 / 봄
3) 눈사람을 만들다 / 겨울　　　　4) 단풍구경을 하다 / 가을

문법 1

1. 1) 테니스공이 축구공보다 작아요
2) 사과보다 수박이 달아요
3) 백화점보다 시장이 싸요
4) 운동을 하는 것보다 운동을 보는 것을 더 좋아해요
5) 한국어보다 영어를 더 잘해요

문법 2

1. 1) 사무실에 선생님을 만나러 가요　　2) 우체국에 편지를 보내러 가요
3) 대사관에 여권을 찾으러 가요　　　4) 인사동에 부모님 선물을 사러 가요
5) 세종 영화관에 영화를 보러 가요　　6) 공원에 산책을 하러 가요

2. 1) 자전거를 타러 갔다 왔어요　　　2) 가족들을 만나러 고향에 갈 거예요

제18과

어휘

1. 1) 버스　　　　　2) 택시　　　　　3) 지하철　　　　4) 자전거
5) 비행기　　　　6) 오토바이

문법 1

1. 1) 집에서 병원까지 버스를 타고 가요
2) 학교에서 명동까지 지하철을 타고 가요
3) 학교에서 지하철역까지 걸어서 가요
4) 집에서 공항까지 공항버스를 타고 가요
5) 서울에서 제주도까지 비행기를 타고 가요

문법 2

1. 1) 버스로 가요　　2) 비행기로 왔어요　　3) 기차로 갔어요　　4) 지하철로 가요
5) 배로 갈 거예요

Memo

Memo

Memo

🏠 Memo

좋아요 한국어 워크북

초판 1쇄 인쇄 | 2024년 5월 24일
초판 1쇄 발행 | 2024년 6월 15일

지은이 | 김홍상, 한인숙, 박유리, 김경현
발행인 | 김태웅
편 집 | 김현아, 최채은
마케팅 총괄 | 김철영
온라인 마케팅 | 김은진
제 작 | 현대순

발행처 | (주)동양북스
등 록 | 제 2014-000055호
주 소 | 서울시 마포구 동교로22길 14 (04030)
구입 문의 | 전화 (02)337-1737 팩스 (02)334-6624
내용 문의 | 전화 (02)337-1762 이메일 dybooks2@gmail.com

ISBN 979-11-7210-049-0 13710